# BEI GRIN MACHT SICH IHR WISSEN BEZAHLT

- Wir veröffentlichen Ihre Hausarbeit, Bachelor- und Masterarbeit

- Ihr eigenes eBook und Buch - weltweit in allen wichtigen Shops

- Verdienen Sie an jedem Verkauf

Jetzt bei www.GRIN.com hochladen und kostenlos publizieren

Julia Steblau

# Thomas Gordon. Aktuelle Ansätze zur Konfliktbewältigung in der Schule

GRIN Verlag

**Bibliografische Information der Deutschen Nationalbibliothek:**

Die Deutsche Bibliothek verzeichnet diese Publikation in der Deutschen National-
bibliografie; detaillierte bibliografische Daten sind im Internet über http://dnb.d-
nb.de/ abrufbar.

**Impressum:**

Copyright © 2013 GRIN Verlag GmbH
Druck und Bindung: Books on Demand GmbH, Norderstedt Germany
ISBN: 978-3-656-43485-6

**Dieses Buch bei GRIN:**

http://www.grin.com/de/e-book/214468/thomas-gordon-aktuelle-ansaetze-zur-
konfliktbewaeltigung-in-der-schule

**GRIN - Your knowledge has value**

Der GRIN Verlag publiziert seit 1998 wissenschaftliche Arbeiten von Studenten, Hochschullehrern und anderen Akademikern als eBook und gedrucktes Buch. Die Verlagswebsite www.grin.com ist die ideale Plattform zur Veröffentlichung von Hausarbeiten, Abschlussarbeiten, wissenschaftlichen Aufsätzen, Dissertationen und Fachbüchern.

**Besuchen Sie uns im Internet:**

http://www.grin.com/

http://www.facebook.com/grincom

http://www.twitter.com/grin_com

# Universität Potsdam

Institut für Psychologie

# Seminararbeit

Thomas Gordon – Aktuelle Ansätze zur Konfliktbewältigung in der Schule

**2013**

**Vorgelegt von:** Julia Steblau

# Inhaltsverzeichnis

# 1 Einleitung

Die nachfolgende Hausarbeit handelt von den Konflikten zwischen Lehrern und Schülern und wie man sie lösen kann, ohne dass es Gewinner und Verlierer auf einer Seite geben muss. Es werden die Vor- und Nachteile von autoritärem und antiautoritärem Verhalten durch den Lehrer aufgezeigt und alternative Handlungsoptionen angeboten. Diese Alternative wird im Punkt der Methode III – Konfliktbewältigung ohne Niederlage- näher beschrieben.

Unter den Punkten 2 bis 2.3 werden zunächst die Vorkenntnisse wie zum Beispiel aktives Zuhören und die Verwendung von Türöffnern für die Anwendung der Methode III, der Konfliktbewältigung ohne Niederlage bei der Konfliktlösung, die ein Lehrer verwendet oder gegen verwenden lassen muss, erklärt.

Die Hausarbeit nimmt Bezug auf das Buch von Thomas Gordon, Lehrer-Schüler-Konferenz, Hamburg in der die Konfliktbewältigung ohne Niederlage und die benötigen Vorkenntnisse und Vorüberlegungen beschrieben werden.

Zur Vereinfachung wird im Nachfolgenden der Lehrer/ die Lehrerin nur als der Lehrer bezeichnet.

# 2 Lehrer-Schüler-Beziehung

„Die Beziehung zwischen Lehrer und Schüler ist gut, wenn sie aufgebaut ist auf:

1. Offenheit und Transparenz, sodass jeder dem anderen gegenüber ehrlich sein kann;
2. Anteilnahme, wenn jeder weiß, was er dem anderen bedeutet;
3. gegenseitiger Abhängigkeit anstatt einseitiger Abhängigkeit
4. der nötigen Distanz, die jedem erlaubt, Kreativität und Individualität zu entwickeln;
5. gegenseitige Befriedigung der Bedürfnisse."[1]

---

[1] Gordon, 1977, S.35.

## 2.1 Problembesitz

Wie in jeder Beziehung treten auch in der Lehrer-Schüler-Beziehung Probleme auf. Um diese Probleme konstruktiv lösen zu können, ist es zunächst wichtig herauszufinden, wer das Problem eigentlich hat.

Um dies herauszufinden, sollte man sich fragen:

„Hat dieses Verhalten irgendetwas mit mir zu tun? Fühle ich mich nicht annehmend, weil man mich stört, mir schadet, weh tut, mich beeinträchtigt? Oder fühle ich mich annehmend, nur weil ich möchte, dass der Schüler anders handelt, kein Problem hat, so fühlt, wie ich glaube, dass er fühlen sollte."[2]

Kann man auf die erste Frage mit „ja" antworten, hat der Lehrer das Problem, kann man auf die Frage letzte Frage mit „ja" antworten, hat der Schüler das Problem. Diese Erkenntnis ist sehr bedeutsam für die Anwendung der Methode III.

## 2.1.1 Wertvorstellungen

Viele Probleme in der Lehrer-Schüler-Beziehung entstehen durch die Kollision von Wertvorstellungen. Viele Lehrer versuchen, ihren Schülern ihre Meinung von Sitte und Anstand beizubringen. Und viele tun es unbewusst. Wird jedoch das eigene Verhalten überdacht, erkennt man meist, dass man genau das wiederholt, was man früher an den Erwachsenen gehasst hat und garantiert niemals tun wollte. Die Lösung für diesen Konflikt setzt voraus, toleranter zu werden. Um diese Toleranz zu erlangen, sollte man erst einmal überprüfen, wie man zu den Wertvorstellungen gekommen ist und ob man auch wirklich zu ihnen steht, würde man sie zum Beispiel auf einer Konferenz sagen wollen und sie dann auch verteidigen?

Zusammengefasst werden die Eigenschaften die ein Lehrer haben sollte in einem Gebet von Reinhold Niebuhr, dass zwar nicht nur für Lehrer gemacht wurde, aber den Kern voll erfasst:

„Gott, gib mir Gelassenheit zur Annahme der Dinge, die ich nicht ändern kann, den Mut zur Veränderung dessen, was in meiner Macht steht und die Weisheit, den Unterschied zu erkennen."[3]

---

[2] Ebenda S.46.
[3] Gordon, 1977, S.265.

## 2.2 Sprache der Nicht-Annahme und der Annahme

Lehrer erwarten zwar, dass Schüler sich ändern, wenn diese ihrer Meinung nach eine unannehmbare Verhaltensweise an den Tag legen. Sie erforschen jedoch nicht die Ursachen.

Typische Lehrerreaktionen bei einem Problem mit dem Schüler:

1. Befehlen, drohen, predigen oder das Anbieten einer Lösung ohne dem Schüler Gelegenheit zur Lösungsfindung zu geben
2. Beurteilung, Herabsetzung und Bewertung
3. Schüler aufmuntern, bestreiten, dass es überhaupt ein Problem gibt
4. Thema wechseln …

Jede dieser Reaktionen verrät eine Wertung des Lehrers über den Schüler. Daher ist die Sprache der Nicht-Annahme falsch. Denn durch die Sprache der Nicht-Annahme teilen Schüler ihre Probleme nicht mit und es kann ihnen so auch nicht geholfen werden.

Richtig kann daher nur die Sprache der Annahme sein.

Die Sprache der Annahme kann dabei sein:

1. Passives Zuhören (Schweigen) Durch Schweigen wird Annahme vermittelt. Denn der Schüler muss sprechen und kann so seine Probleme mitteilen.
2. Bestätigende Reaktionen. Der Schüler wertet Schweigen nicht unbedingt als Aufmerksamkeit. Dagegen helfen bestätigende Reaktionen wie zum Beispiel Nicken oder andere Gesichtsmimik. Auch durch „Aha" oder „Oh" merkt der Schüler, dass der Lehrer noch interessiert folgt.
3. Türöffner. Durch zusätzliche Ermutigungen wie zum Beispiel „Möchtest du darüber sprechen?" kann der Schüler dazu bewegt werden, mehr zu seinem Problem zu erzählen.[4]

Aufgrund der Sprache der Annahme werden Kinder viel eher ihre wahren Gefühle und Probleme darlegen als aufgrund der Sprache der Nicht-Annahme. Denn nur „Wenn jemand einen anderen annimmt, wie er ist, trägt er entscheidend dazu bei, dass der andere sich entwickeln kann."[5]

Aufgrund der Sprache der Annahme werden Kinder viel eher ihre wahren Gefühle mitteilen.

---

[4] Vgl. Ebenda S64f.
[5] Gordon, 1977, S.57.

Der Schüler weiß nun zwar aufgrund der Sprache der Annahme, dass man auf ihn eingestimmt ist, kann sich aber nicht sicher sein, ob man ihn richtig versteht. Ferner werden die meisten Botschaften in einem Satz verschlüsselt. Man muss also zuhören und den Satz dann richtig entschlüsseln, um den Kern einer Botschaft zu verstehen. Hierfür eignet sich der nachstehende Punkt:

### 2.2.1 Aktives Zuhören

Bei der Unterhaltung zwischen Lehrer und Schüler verbirgt sich hinter vielen Äußerungen und Fragen der Schüler der Hinweis auf ein Problem. Es ist also wichtig, genau zu überlegen, was der Schüler mit einem Satz meinen könnte. Hat man die Botschaft entschlüsselt, ist es wichtig sicherzugehen, ob man wirklich richtig vermutet. Um die Richtigkeit des Entschlüsselungsversuchs zu kontrollieren, muss man den Schülern rückmelden. Diese Rückmeldung nennt man „aktives Zuhören". Sie wird in eine Frage gekleidet. Der Schüler teilt einem dann mit, ob man richtig interpretiert hat. Nun wissen beide Gesprächspartner, dass der andere richtig verstanden wurde.

Durch aktives Zuhören werden zwar nicht immer klare Resultate erzielt. Der Schüler hat aber die Möglichkeit der emotionalen Entspannung. Ferner wird dem Schüler vermittelt, dass der Lehrer ihn richtig versteht. Er wird auch in Zukunft versuchen, seine Probleme mitzuteilen. Das aktive Zuhören soll dem Schüler die Problemlösung überlassen, denn schon das Reden über ein Problem setzt einen Denkprozess in Gang, der meist zu einer Lösung führt.

Die Voraussetzungen des Lehrers für erfolgreiche Anwendung der Methode sind folgende:

1. Der Lehrer muss den Schülern seine Probleme selbst lösen lassen. Es sollen also keine Lösungen angeboten werden

2. Der Lehrer muss in der Lage sein, die Probleme der Schüler wirklich anzunehmen, gleichgültig, wie sehr sie sich auch von seinen Ansichten unterscheiden.

3. Der Lehrer muss sich Zeit für die Probleme seiner Schüler nehmen und ihnen auch wirklich helfen wollen.

4. Der Lehrer muss jedem Schüler, der Sorgen hat, „nahe" sein und doch eine Distanz wahren.

5. Aktives Zuhören hilft den Schülern ihre Situationen zu klären, tiefer vorzudringen und sich von zweitrangigen Problemen zu befreien.
6. Der Lehrer muss Gespräche mit Schülern absolut vertraulich behandeln.

Aktives Zuhören ist aber nicht nur bei Zweiergesprächen mit Schülern anzuwenden, es erleichtert auch die Führung einer Diskussion. Eine Diskussion in der Klasse bei Meinungsverschiedenheiten zwischen Schülern wird nämlich durch Bewertungen und Androhungen des Lehrers gehemmt. Da dies beim aktiven Zuhören nicht der Fall ist, ist diese Gesprächsform dafür ideal. Eine Diskussion unter Verwendung des aktiven Zuhörens empfiehlt sich auch bei Problemen im Klasenverband. Schüler sind nämlich recht gut selbst in der Lage, Lösungen für Probleme in der Klasse zu finden. Sollte die Diskussion doch einmal stocken, hilft der Lehrer durch einen Türöffner weiter, wie zum Beispiel „Fällt euch dazu wirklich nichts mehr ein?" (Solche Türöffner sind auch bei Besprechungen zwischen Lehrer und Schüler wichtig, um den Schüler zu animieren, sein gesamtes Problem zu definieren). Das wichtigste bei solchen Diskussionen ist auch diesmal:

Ein Lehrer sollte niemals Lösungen anbieten, sondern die Schüler selbst Lösungen finden lassen. Er sollte sich niemals bewertend in ein Gespräch einmischen.

Wenn den Schülern die Möglichkeit der Lösungsfindung gegeben wird, fördert das Unabhängigkeit, Zuversicht und Selbstvertrauen.[6]

## 2.3 Sendung von Ich-Botschaften

Ich- Botschaften werden auch als Verantwortung-übernehmende Botschaften bezeichnet. Du-Botschaften werden auch als Konfrontrationsbotschaften bezeichnet. Durch die Sendung von Du-Botschaften wird eine negative Wertung über den Schüler abgegeben. Zum Beispiel, der Lehrer ist frustriert, verschlüsselt dies und sagt zum Schüler: „Er denkt, ich bin ungezogen". Daraufhin entschlüsselt der Schüler: „Er denkt, ich bin ungezogen". Bei der Sendung einer Ich-Botschaft im selben Fall würde der Lehrer sagen: „Wenn du mich ärgerst, bin ich frustiert." Und der Schüler würde richtig entschlüsseln: „Er ist im Augenblick frustriert."[7] Der Schüler wird dadurch das Problem entschlüsseln. Eine gute Ich-Botschaft wie diese fängt immer mit einem „wenn" an.

---

[6] Vgl. Gordon, 2012, S.34ff.
[7] Vgl. 121-125.

Dadurch wird dem Schüler vermittelt, dass der Lehrer nicht für immer verstimmt ist. Im zweiten Fall der Ich-Botschaft ist die Auswirkung des ersten Teils auf den Lehrer enthalten. So zum Beispiel müssen immer ein Tatsachenbericht vorhanden und es dürfen keine negativen Bewertungen des Schülers enthalten sein. Ich-Botschaften fördern die Beziehung zwischen Lehrer und Schüler, denn der Schüler erlebt den Lehrer als einen Menschen mit Empathie und Feingefühl.

Nach der Sendung der Ich-Botschaft muss der Lehrer nun auf aktives Zuhören umschalten. Dadurch wird dem Schüler Gelegenheit gegeben, sich zu dem Problem zu äußern und selbst einen Lösungsvorschlag zu entwickeln.

# 3 Konfliktbewältigung

## 3.1 Methode I der Konfliktbewältigung

Ein Konflikt in der Schule entsteht

1. wenn Lehrer und Schüler ein Problem besitzen
2. wenn nur eine Partei das Problem wahrnimmt, während die andere meint, es bestehe gar kein Problem.

Konflikte in der Schule werden meist nach dem Konzept von „Sieg und Niederlage" ausgetragen. Deshalb wird immer eine Partei, die unterlegene, unzufrieden sein. Den meisten Lehrern ist es allerdings nicht einmal bewusst, dass sie nach dem Konzept von Sieg und Niederlage handeln.

Bei Methode I wird ein Konflikt gelöst, indem der Lehrer dem Schüler seine Version des Konfliktes aufdrängt. Widersetzt sich der Schüler, wird ihm gedroht, er werde in diesem Fach durchfallen oder ähnliches. Daraufhin gibt der Schüler nach, und der Konflikt wird so „bescheinigt". So gewinnt bei Methode I immer der Lehrer, während der Schüler verliert. Diese Methode ist autoritär ausgerichtet. Durch diesen Missbrauch von Macht und Autorität seitens des Lehrers wird der Schüler den Lösungsvorschlag insgeheim nicht akzeptieren und auch nur selten durchführen. Der Schüler steht dem Lehrer danach feindselig gegenüber, was auch das Arbeitsklima beeinträchtigt.

(Definition von Macht: „Umfassende Bezeichnung für Einflussmöglichkeiten eines Individuums auf Einstellungen, Emotionen, Verhalten und Wahrnehmen anderer" Wörterbuch der Psychologie, Fröhlich. München. Autorität definiert sich ähnlich. Nur das dieser Möglichkeiten zum Beispiel berufliche (Vorgesetzter) hat den anderen unter Druck zu setzen.)

Methode I kann in Notsituationen allerdings zur sofortigen Ausführung eines Befehls verhelfen. Durch die Anwendung von Methode I wird aber immer die Lehrer-Schüler-Beziehung schaden nehmen, denn der Lehrer setzt sich über den Willen des Schülers hinweg und zwingt ihm seinen Willen auf. Außerdem wird der Schüler durch das Beispiel des Lehrers zur Rücksichtslosigkeit und zur Missachtung von Bedürfnissen anderer erzogen. Oder auch:

„Die Leidenschaft für die Wahrheit wird zum Schweigen gebracht durch Antworten, die das Gewicht unbestrittener Autorität haben."

(Paul Tiilich, zitiert aus Peter Lauster, Lassen sie sich nichts gefallen, S.111, 1985)

Der Schüler erlernt also unbewusst diese Methode, wie der Lehrer sie irgendwann gelernt hat.

## 3.2 Methode II der Konfliktlösung

Auch bei Methode II wird der Konflikt aufgrund des Konzeptes von Sieg und Niederlage beseitigt. Allerdings verliert bei dieser Version nicht der Schüler, sondern der Lehrer. Diese Methode ist antiautoritär. Methode II läuft ähnlich ab, wie Methode I, jedoch wird zum Schluss nicht der Schüler bedroht, sondern der Lehrer. So zum Beispiel damit, dass der Schüler droht, in einen anderen Kurs zu wechseln. Viele Lehrer, die nach Methode I selbst unterrichtet wurden und dies als beschämend empfunden hatten, verwenden diese Methode als das andere Extrem.[8]

Der Lehrer der immer nachgibt, wird unzufrieden und bekommt Angst vor dem Unterrichten und wird diesen Job vielleicht verwerfen. Die Schüler sind ebenfalls unzufrieden und empfinden den Lehrer als schwach und inkompetent. Sie werden nun versuchen, ihn auch in anderer Situation unter Druck zu setzen. Normaler Unterricht wird durch diesen Kampf mit den Schülern nicht mehr möglich sein. Der Lehrer wird versuchen, sich gegen die Unterdrückung zu wehren. Dies wird ihm aber gegen gesamte Klasse schwerfallen. Er wird versuchen, sich deshalb durch schlechte Noten zu rächen.

## 3.3 Mischform von Methode I und II

Es gibt auch eine Mischform zwischen beiden Methoden, die für den Schüler wohl am verwirrendsten sein dürfte. Lehrer, die nach „Tagesform" unterrichten, erlauben an einem Tag etwas, dass am anderen Tag verboten ist. Der Schüler weiß so nie, auf was er sich einstellen muss. Er probiert so jeden Tag neu aus, was er tun darf. Auch grundsätzlich antiautoritäre Lehrer, in deren Klassen aufgrund der laxen Handhabung das Chaos eingedrungen ist, fühlen sich plötzlich verpflichtet, eine straffe Handhabung einzuführen. Auch dies macht die Schüler unsicher.

Beide Methoden bedienen sich hauptsächlich der Macht und erzeugen immer Gewinner und Verlierer.

---

[8] Vgl. Ebenda S.169.

## 3.4 Methode III, Konfliktbewältigung ohne Niederlage

Bei Methode III wird auf Sieger und Verlierer verzichtet, es kommt auch zu keinem Gebrauch oder Missbrauch der Macht, Beide Parteien suchen nämlich zusammen nach einer für beide Parteien akzeptablen Lösung, durch die dann automatisch niemand unterliegt. Auch werden bei dieser Methode wirkliche Lösungen gefunden.

Bei Methode III werden aktives Zuhören, gezielte Ich-Botschaften und effektive Konfrontationen verwendet.

Um Methode III unter zu Hilfenahme obiger Punkte erfolgreich zu verwenden müssen die nachfolgenden sechs Prozessstufen verwandt werden

1 Definition des Problems

2 Sammlung möglicher Lösungen

3 Wertung der Lösungsvorschläge

4 Entscheidung für die beste Lösung

5 Richtlinien für die Realisierung der Entscheidung

6 Bewertung der Effektivität der Lösung[9]


Diese Richtlinien sind jedoch Hilfestellungen, sie sollen individuell nach der Problemstellung so oder ähnlich verwandt werden. Nur die Definition des eigentlichen Problems ist zwingend erforderlich. Denn wie sollte sonst eine Lösung gefunden werden, wenn beide Parteien ein Problem nicht gleich verstehen.

Methode III kann in allen Bereichen der Schule, auch bei Problemen im Lehr-Lern-Bereich, bei Problemen zwischen Schülern oder der ganzen Klasse eingesetzt werden. Sinnvoll ist bei Problemen mit einer ganzen Klasse das Abhalten einer sogenannten Problemstunde. So zum Beispiel, wenn es um Grundsatzfragen geht wie „Wer muss die Tafel vor der oder nach der Stunde wischen?" Die Problemstunde wird unter Beachtung obiger sechs Prozessstufen ungefähr abgehalten wie folgt:

Am Anfang der Stunde wird das Problem durch den Lehrer mit einer Ich-Botschaft definiert, zum Beispiel „Ich möchte nicht immer am Anfang der Stunde fünf Minuten verlieren, weil ich die Tafel putzen muss. Was schlagt Ihr vor?". Anschließend werden die Ideen der Schüler durch ein Brainstorming vom Lehrer an die Tafel geschrieben. Hierbei werden wirklich alle Ideen (auch unsinnige) festgehalten. Sollten die Einfälle stocken, werden die Schüler durch Verwendung eines Türöffners, zum Beispiel „Gibt es noch weitere Vorschläge?" zum weiteren Nachdenken

[9] Gordon, S.216.

animiert. Während des Brainstorming werden keine Bewertungen seitens des Lehrers oder Rechtfertigungen seitens der Schüler verlangt. Dies folgt erst nach Abschluss des Brainstorming im Bewertungsprozess. Bei diesem wird nun jeder Vorschlag gestrichen, der von einem Schüler oder dem Lehrer nicht akzeptiert wird. Durch diese Verfahrensweise braucht der Lehrer auch keine Angst vor unsinnigen Vorschlägen zu haben, denn diese kann er nun streichen. In diesem Stadium kann der Lehrer bereits helfend bei der Lösungsfindung eingreifen. Auch er sollte wirklich jeden Vorschlag streichen, der nicht von ihm akzeptiert werden kann. Von beiden Seiten soll jeder Vorschlag gründlich analysiert werden. Der Lehrer sollte auch Schüler, die ihre Meinung noch nicht geäußert haben, zum Sprechen ermutigen. Nachdem alle irgendwie für Lehrer oder Schüler unzumutbaren Lösungen gestrichen worden sind, wird nun eine Entscheidung getroffen. Dies soll jedoch niemals durch eine Abstimmung geschehen. Denn bei dieser werden auch wieder Gewinner und Verlierer entstehen, und das ist nicht der Sinn der Methode III. Wenn in einem Punkt eine Annäherung gefunden wurde, wird dieser Punkt als vorläufiger Lösungsvorschlag schriftlich fixiert. Er kommt nun in eine Erprobungsphase. Die Schüler sollen nicht den Eindruck gewinnen, dass sie diese Lösung für immer akzeptieren müssen. Empfehlungswert ist die Festlegung einer zeitlichen Begrenzung der Erprobungsphase. Sollte die Lösung sich nicht bewährt haben, wird dann nach einer neuen gesucht. Durch diese Regelung bleibt die Lösung flexibel und niemand fühlt sich übergangen. Sollten die Schüler sich, während oder nach der Erprobungsphase nicht an die Lösung halten, wird eine weitere Diskussion einberufen, bei der der Lehrer nachfragt, worin das Problem besteht. Nach Abklärung wird dann nach einer für die Schüler eher tragbaren Lösung gesucht.

Bei Methode III haben die Schüler mehr als nur eine Lösung gefunden. Sie haben auch gelernt, andere Meinungen zu akzeptieren oder zu diskutieren. Sie haben demokratisch entschieden und Kreativität entwickelt. Sie lernen automatisch, verantwortungsbewusst zu handeln. Dies wird ihnen bei Methode I und II nicht gewährt. Auch der Lehrer hat durch Anwendung von Methode III gewonnen. Er erscheint den Schülern kreativ und offen. Ferner werden sich die Schüler, die die Lösung selbst entworfen haben, wirklich um die Einhaltung bemühen.

Methode III ist sehr einfach, da man sofort bemerkt, dass diese Methode vom Lehrer und Schüler sowieso (hoffentlich) im privaten Bereich verwandt wird.

## 4 Fazit

In dieser Hausarbeit wurden die verschiedenen Differenzen gezeigt, wie Lehrer und Schüler die jeweiligen Situation empfinden und wie man ohne das Benutzen von Macht und Autorität zu einer befriedigenden Lösung kommen kann.

Das der Hausarbeit zugrunde liegende Buch Lehrer-Schüler Konferenz von Thomas Gordon scheint gerade  für Neuanfänger im Lehrerberuf eine willkommene Lektüre zu sein, denn sie können Fehler von Anfang an vermeiden. Durch die Lektüre des Buches wird ihnen geholfen sich schon vor der ersten Unterrichtsstunde Gedanken zu machen. Es hilft ihnen auch Erinnerungen an die eigene Schulzeit aufleben zu lassen und so zu erkennen, dass man nie so werden wollte wie seine Lehrer. Lehrern, die schon lange im Beruf tätig sind, sollte dieses Buch gegeben werden, um ihnen ihre Verhaltensweise vor Augen zu führen und so einen Umdenkprozess in Gang zu setzen. Schülern und Eltern wird dieses Buch helfen, die Konflikte des Lehrers zu verstehen.

Das Buch, die „Lehrer-Schüler-Konferenz"  und auch ebenfalls von Gordon erschienene Familienkonferenz animieren einen sehr zum Nachdenken über sein eigenes Verhalten. Auch denkt man an seine eigene Schulzeit zurück und wird wohl erkennen, dass es kaum Lehrer gab, die die Konfliktlösung nach Methode III verwandt haben. Es scheint rückblickend nur Methode I  oder Methode II gegeben haben.

## 5 Literatur- und Quellenverzeichnis

Fröhlich, W.D. (1993): Wörterbuch zur Psychologie. DTV-Verlag. München

Gordon, Thomas (1989): Lehrer-Schüler-Konferenz. Wie man Konflikte in der Schule löst. Hoffmann und Campe Verlag. Hamburg.

Gordon, Thomas (2012): Familienkonferenz. Die Lösung von Konflikten zwischen Eltern und Kind. Hoffmann und Campe Verlag. Hamburg.

Lauster, Peter (1985): Lassen Sie sich nichts gefallen. Econ-Verlag. Düsseldorf.


http://de.wikipedia.org/wiki/Thomas_Gordon_(Psychologe)